LB 49 50.

AF392956

NOUVELLE DU JOUR.

# LA FILLE
# D'UN MINISTRE;

SA NAISSANCE, SON ÉDUCATION, SA PRODUCTION DANS LE
MONDE, SON MARIAGE, SON AGONIE, SA MORT, ET LE
PROCHAIN DÉMÉNAGEMENT DE SON PÈRE.

PAR B.

*Dat veniam corvis vexat censura Columbas.*

PARIS,

CHEZ LACOURIÈRE, Libraire, boulevard du Temple,
N° 47;

Et PONTHIEU, Libraire, au Palais-Royal.

1824.

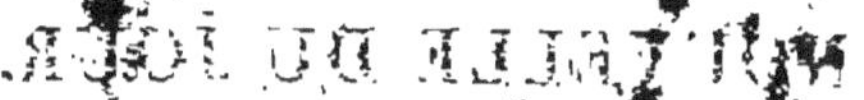

# NOUVELLE DU JOUR.

# LA FILLE
## D'UN MINISTRE

IMPRIMERIE DE DONDEY-DUPRÉ,
Rue Saint-Louis, n° 46, au Marais.

PARIS,

1834.

# LA FILLE

## D'UN MINISTRE,

NOUVELLE DU JOUR.

Sur le point de paraître devant le juge suprême, j'espère qu'en fesant une confession générale et publique, j'obtiendrai l'absolution de mes péchés. Ce n'est point par ostentation que j'entreprends cette tâche humiliante pour moi, mais bien pour éloigner des ministres futurs l'idée d'avoir des filles dont l'éducation soit aussi mal soignée que la mienne. Je n'ai jamais connu ma mère, soit qu'elle ait perdu la vie en me donnant le jour, ou que je sois née comme Minerve sans en avoir la sagesse; mon père a toujours négligé de m'en parler. Je fus baptisée sous le nom d'Atropos; comme j'étais bègue, on me coupa le filet, ce qui ne servit à rien. Ce vice d'organe n'était pas le seul défaut physique que j'avais : j'étais sourde, louche, et, dans toute ma personne , horriblement contrefaite, chose que l'on concevra facilement , car , d'après ce que m'a dit un ancien secrétaire de mon père , je fus conçue dans un moment d'humeur. D'après mes remarques, j'ai observé que, dans ces instans, et surtout lorsqu'il éprouvait des contrariétés, mon père avait toujours des idées bizarres.

La fille d'un ministre devait sans doute recevoir une éducation digne de son rang ; la mienne fut négligée totalement. Dans mon enfance je ne fesais que jouer dans les bureaux. Un commis à 1,200 francs, pour plaire à mon père, voulut bien m'enseigner à lire ; au bout de quelques mois je parvins à connaître toutes mes lettres, et à épeler ; quant à l'écriture, je n'ai jamais su faire que des lignes et des croix.

Si l'on ne s'est pas appliqué à cultiver mon esprit, on s'est encore moins occupé à former mon cœur : sans principes, je n'avais aucune idée de bonne foi, de conscience, et je fesais le mal même en l'ignorant. L'âge critique de l'enfance était passé, lorsqu'un jour mon père, après avoir fait une pénible digestion et une mauvaise ordonnance, m'appela près de lui. — Ma fille, j'ai dessein de faire quelque chose de vous ; j'ai de grands projets...... il ne tiendra qu'à vous qu'ils réussissent. Mais avant de vous en faire part, procédons à un petit examen : vous êtes grande, vous êtes forte.... en politique savez-vous quelque chose...? — Non. — En morale savez-vous quelque chose...? — Non. — En philosophie savez-vous quelque chose.....? — Non. — En littérature, en sciences exactes savez-vous quelque chose......? — Non.— N'importe; je veux vous donner la direction d'un petit conseil dont vous serez l'ame. Depuis quelque tems je fais le bien de la nation......; je place mes amis....., des gens sûrs qui me mettent bien dans l'esprit de leurs administrés...Quand on occupe la première place dans un royaume, on est obligé de représenter.......; raison pour laquelle, au moyen d'une petite industrie fort honnête, je me suis créé de grands revenus. La prospérité de l'état, la mienne, l'amitié des gens de bien qui me sont dévoués, tout cela inspire de la jalousie.... Dans le monde on parle beaucoup de moi...; on écrit même tout le bien que je fais...; ma modestie s'en trouve blessée, car j'ai toujours aimé à agir dans l'ombre et le silence.....; c'est le propre des grandes ames. Ma chère fille, pour qu'on me laisse gouverner tranquillement mes affaires, comme je l'entends, je vais vous produire dans la société. Je vous recommande spécialement de faire parler beaucoup de vous, pour qu'on ne parle pas de moi. Je vous présenterai d'abord à un de mes confrères; nous ne sommes pas tout-à-fait du même avis; mais, avec votre secours, je lui aurai bientôt fait entendre raison; je suis sûr qu'aussitôt qu'il vous aura vue, il ne dira plus rien, du moins en public; car, pour les conversations particulières, je ne m'en inquiète pas..., attendu que je ne puis les empêcher. D'abord, mon collègue vous fera de grandes phrases pour vous prouver que vous n'avez pas le sens commun de vous montrer... ; vous êtes sourde, tout ce bruit-là ne vous effraiera pas. Vous aurez soin de réunir chez vous les écrivains qui dirigent l'opinion publique; s'ils ne veulent pas y venir ( ce qui pourrait fort bien arriver ), priez-les de vous soumettre tout ce qu'ils écriront pour le corriger; ils ne s'y refuseront pas, je suis ministre. Vous tiendrez aussi un bureau d'esprit, où les auteurs dramatiques seront reçus..... ; vous dirigerez leurs ouvrages. Votre connaissance en théâtre n'étant pas fort étendue, je vous donnerai quelques personnes qui vous auront bientôt instruite de ce qu'il faut faire. Préalablement vous saurez que, dans ces sortes d'ouvrages, tout ce qui a rapport à moi, toute allusion, est d'un fort mauvais goût; ensuite les auteurs français sont nés flatteurs; ils infecteraient toutes leurs pièces de louanges qui me feraient rougir. Quant aux écrivains qui ne travaillent pas pour le public, cela est fort indifférent.

Le lendemain de cette instruction, mon père

me mena chez un grand du jour. Je fus tout étonnée de lui trouver autant de politesse ; il me fêta beaucoup , me fit beaucoup de complimens , et je vis dès-lors où il voulait en venir.

Il était auteur, et, partant, avait un amour-propre extrême. Après m'avoir dit beaucoup de bien de ma personne, il me fit des propositions ; j'en parlai à mon père, elles ne lui convinrent pas; il venait de voir un projet superbe échouer dans un cercle où ne se réunissaient pas mes adorateurs, mais où mon père avait l'intention d'introduire quelques amis qui auraient fait l'éloge de mes charmes en dépit de la vérité. Par nos soins, le nombre de ces amis se serait accru peu à peu; et je ne doute pas, si le tems n'eût manqué à mon père, qu'il ne fût venu à bout d'exécuter cette introduction. Je reviens à la colère qu'éprouva l'auteur de mes jours en voyant son projet rejeté : il y tenait beaucoup, ayant passé beaucoup de tems à le concevoir ; il s'agissait de résoudre ce problème: Un homme étant donné, possédant cent francs, trouver qu'on l'enrichit en lui prenant vingt francs. Le problème était difficile...... ; eh bien ! mon père le proposa dans un autre cercle plein de gens dévoués, qui partageaient et sa table et ses profits, et trouva le moyen de le résoudre sans le démontrer.

C'était au moment que ce problème, résolu par

les amis de mon père, venait d'être trouvé faux par les membres d'une autre société où on l'avait présenté en second lieu, que ce grand personnage, fort mauvais calculateur, fit ses propositions. Il avait eu quelque influence dans le rejet du problème; dès-lors une inimitié s'éleva entre mon père et lui.

Reçu dans notre société particulière , cette action lui en fit fermer l'entrée quelques jours après. Mon père, il est vrai, aurait pu le faire plus poliment; il se contenta de consigner le personnage en question à sa porte, en lui disant, par l'organe du suisse , qu'il trouverait, en rentrant chez lui, un mot.... un mot....! il y en avait plusieurs.... Le billet était ainsi conçu : Vos propositions ne conviennent ni à moi ni à ma fille ; ne remettez plus les pieds dans notre hôtel.

A nos premières entrevues il m'avait fait des complimens....; bientôt il me déchira...; une brochure est là pour attester les coups qu'il m'a portés; l'ingrat....! que de contes n'a-t-il pas fait en public sur ma personne et sur mon père...?

Il cessa d'être employé....... il m'en rendit responsable. Il prétendit que je m'emparais de l'opinion des journaux, que j'achevais par la violence ce que mon père avait commencé par la corruption....; que l'auteur de mes jours s'était vu mettre en scène devant les tribunaux, pour avoir été mêlé à de honteuses négociations, dont le but était d'acheter des opinions.. .; qu'il avait fait des fautes, et que, pour les réparer, il avait songé à mon établissement exécuté en secret. Dans un autre endroit il disait que les deux premières cours du royaume étaient plus sages et plus éclairées que mon père et ses collègues..... Le menteur...! Ailleurs il s'écriait qu'il était inconcevable que des hommes d'un jour (il parlait de mon père et de ses amis) osassent attaquer les successeurs des Harlay, des Lamoignon, des Molé, des Séguier, des hommes surtout qui rentreraient demain dans le néant.... dans le néant......! Nous nous sommes fait une fortune qui nous permet de briller; nous avons des campagnes où nous irons terminer avec éclat notre carrière... réflexion douloureuse...! Je n'y porterai point mes pas; je n'existe déjà plus, tant la honte a de pouvoir sur moi.

Continuons cependant : notre ennemi nous a accusés d'ignorance; c'est bien mal; toutes les vérités ne sont pas bonnes à dire. Il nous a reproché d'avoir pour nous tous ces journaux qu'on a achetés sur la place plus ou moins cher, selon la hausse ou la baisse du prix des consciences. Il nous a fait un crime d'avoir fait aller le commerce.....; celui-ci n'en vaut-il pas un autre...? Ce que c'est que d'être riche!

Puis-je sans horreur rapporter les discours

qu'il a tenus sur mon époux ? *Une main invisible, peut-être celle d'un valet-de-chambre, caton inconnu, a mutilé le soir la pensée du maître qu'il avait servi le matin, et cela pour la plus grande sûreté des ministres.* Puis-je, sans horreur, dire qu'il nomme la société dont j'étais présidente, un Saint-Office d'espions ! Il se trompe...; mon père, mon époux et moi n'espionnons pas..; nous fesons espionner.. : la preuve c'est que nous avons de bons renseignemens sur le compte de notre délateur.

On nous a reproché notre naïveté... ; c'est un reproche bien rare, et qu'on est en droit de faire peu souvent aux gens de notre emploi. Si l'on parlait de ruse...., à la bonne heure....; mais notre adversaire ne s'en est-il pas servi lui-même en disant : *Et la Chambre des Députés, qu'en fera-t-on ? Cette Chambre n'a besoin que d'un peu d'expérience ; elle peut revenir formidable par les Ministres.* Passe encore de vouloir nous mettre mal avec nos amis...; mais attaquer ma réputation ! dire dans la société que je ne conviens à personne; que je ne puis charmer que l'antichambre et les valets... ! cela tient beaucoup des reproches d'un amant trahi par sa maîtresse... Blâmer l'impudence de mes petites tyrannies....! J'ai la force en main, j'en use... Vouloir que la puissance n'ait rien de blessant, quand elle marche avec le génie..! Le génie..! c'est une chose assez rare dans notre pays comme ailleurs, et tous les ministres n'en ont pas... mauvaise querelle d'Allemand..!

Ah ! s'il me restait assez de force pour passer en revue toutes les méchancetés dont je suis la victime..! Mais accusons-nous de nos péchés.., et ne perdons pas un tems précieux. Je pardonne à l'ingrat qui m'a tellement noirci aux yeux du public, que je ne puis plus y reparaître.., qui est la cause de ma mort..; je lui pardonne, dis-je; qu'il me pardonne de même : je ne voudrais pas emporter dans l'autre monde sa malédiction, et je ne voudrais point lui laisser la mienne.

1° Je m'accuse d'avoir fait, de concert avec mon père, destituer de très-honnêtes gens... pour y mettre nos parens;

2° De lui avoir fourni, dès mon établissement, le moyen d'enrichir nos parens aux dépens de l'État;

3° D'avoir noirci la *Quotidienne*, et blanchi les autres journaux;

4° D'avoir privé, de mon bon plaisir, les lecteurs d'articles de politique et de littérature, sans que ces articles méritassent cette mesure de sévérité;

5° D'avoir fait interdire aux *Variétés* la représentation d'une vingtaine de pièces, l'ame du répertoire de ce théâtre ; et cela, soi-disant, parce que dans les vacances il allait des élèves à ce spectacle. Comme si les jeunes-gens pouvaient être corrompus plutôt que les jeunes demoiselles qui y vont toute l'année voir ces mêmes pièces...

6° Je m'accuse de m'être emportée en voyant à ce même théâtre un pacha qui venait dire sur la scène qu'il allait donner une fête, et qu'il ferait couper la tête à tous ceux qui ne s'amuseraient pas...

7° Je m'accuse d'avoir rayé, dans un moment de dépit, ces deux vers de M. Casimir Delavigne :

> De quel droit un ministre avec impunité
> Ose-t-il attenter à notre liberté ?

Ce dépit, on me le pardonnera..; j'y voyais une allusion pour mon père.

8° Je me repens bien sincèrement d'avoir fait exclure aux Français et à l'Odéon bien des pièces.., et cela seulement parce que j'y voyais des tendances... qui ne convenaient pas à mon caractère.

9° Je ne dis rien des vaudevilles que j'ai fait refuser... c'est une peccadille..., on en fait un dans un déjeûner.

10° Une faute qui me coûte beaucoup à divulguer, c'est d'avoir privé de la liberté, bien le plus précieux de l'homme, beaucoup d'auteurs, beaucoup d'autres hommes qui ne méritaient guère mieux ce châtiment que ces derniers.....

11° Je me reproche d'avoir laissé, par ma faute, exercer aux membres de mon Conseil un genre d'industrie que, par pudeur, je ne qualifie pas. Mes conseils, dans leurs intérêts particuliers, ont vendu à des journaux de mon bord des articles, il est vrai, fort innocens, pris dans les feuilles qui n'avaient pas mes bonnes grâces. Je n'ai pas même, pour excuser ma faute, le prétexte de cause d'ignorance. On avait écrit à mon époux une lettre qu'il m'avait communiquée, car il avait une grande confiance en moi. Pour que ma confession soit complète, et que mon repentir paraisse sincère, je publie cette lettre, et la voici :

« Monsieur,

» Il s'exerce dans les bureaux de votre fille, » relativement à ma *feuille*, une infidélité d'un » genre singulier, et qu'il ne peut être dans votre » intention de permettre.

» Notre correspondance particulière est sou- » vent retranchée ; cependant nous retrouvons » aussi souvent cette correspondance, particuliè- » rement celle d'Espagne, dans d'autres jour- » naux ; on prend seulement la peine de chan- » ger quelques mots fort indifférens. Je viens

» d'en voir encore la preuve dans le *Drapeau*
» *blanc* de ce jour, qui contient presque textuel-
» lement les nouvelles d'Espagne, qui ont été
» supprimées hier, et il y a trois jours dans ma
» feuille.

» Étant assurés que nos correspondans n'adres-
» sent qu'à nous leurs nouvelles, il est évident
» que nos épreuves retranchées sont communi-
» quées à d'autres feuilles, qui profitent de ce
» qu'elles peuvent trouver à leur convenance
» dans ces épreuves. Cela est tellement vrai que
» nous trouvons dans les autres feuilles les mo-
» difications que nous faisons subir aux lettres de
» nos correspondans.

» Ainsi les retranchemens de nos nouvelles
» étrangères n'auraient pas pour but le danger
» de laisser publier les nouvelles, mais seulement
» de nous en priver pour favoriser d'autres jour-
» naux. C'est un moyen pour ces journaux d'a-
» voir des correspondans à bon marché. Je m'abs-
» tiendrai de qualifier ce moyen ; mais ne serait-il
» pas possible, en même tems, de laisser jouir
» notre feuille des nouvelles qu'elle recueille à
» grands frais ? Cette demande semble modeste,
» et je me permets de la soumettre à votre jus-
» tice.

» J'ai l'honneur, etc. »

12° Je m'accuse d'avoir secondé mon père, en empêchant d'annoncer dans les journaux que le fils d'un prince dont le règne commence sous les meilleurs auspices, devait présider le conseil destiné à la surveillance des prisons.., et cela parce qu'il se trouve parmi les détenus quelques personnes qui nous doivent la faveur d'être logées et nourries *gratis et pro Deo*...

13° Enfin, je me repens d'avoir entraîné l'auteur de mes jours dans l'action dont je viens de de parler. Il tenait à sa fille.., voulait lui conserver son tabouret à la cour... Il s'est entêté.., et son entêtement l'a rendu malade. Il sera bientôt dans l'impossibilité de vaquer à ses affaires. L'air pur de la campagne le réclame. Ainsi, vous tous, devant qui je m'accuse, ne lui parlez point de ma disparition de la société. Cette nouvelle ne servirait qu'à lui rappeler la perte qu'il va faire. Il n'a pas reçu ce soir au moment où j'écris ma confession. Il se dispose à son prochain déménagement. Laissez-le en paix, je vous prie... Pour moi, je m'éteins par degrés. Je vais vous délivrer de ma présence... Je prie les journalistes de ne point faire à mon sujet d'articles nécrologiques ; j'engage les auteurs à ne point rimer....; leurs strophes respireraient peut-être la gaîté plutôt que la tristesse... Je ne leur demande qu'une chose.., c'est de dire en mon honneur un *Requiescat in pace* accompagné d'un *De Profundis*.

*..... qui solus honos Acheronte sub imo est.*

Après six heures d'agonie, la pauvre dame est morte, le 29 septembre 1824. Son enterrement s'est fait de nuit. Son père et son époux accompagnaient seuls son convoi. L'un et l'autre ont fait éclater le sentiment de leur douleur; ils ont arrosé de leurs larmes la tombe de cette fille, de cette épouse chérie. Le père, que cette perte rend inconsolable, est dans ce moment très-malade. On croit qu'il suivra de près sa fille. Cette famille ne laissant point d'héritiers, après la mort du père, sera éteinte POUR JAMAIS.

www.ingramcontent.com/pod-product-compliance
Lightning Source LLC
Chambersburg PA
CBHW070721160726
47998CB00025BA/1460